Por ti, mamá,
porque siempre has sido
y serás mi inspiración.

Título original: Somos Superhéroes
Autora: Susana Castillo
Diseño e ilustración: Hanneke Melchor
hannekemel@gmail.com - @hanneke.art
Canción original de RCP desde mi cole
Autoras de la canción: Mari Luz y Raquel miembros de RCP desde
mi cole

Publicado por Editorial Gusanillo 2024
Redes sociales de la editorial: @editorialgusanillo
Página web de la editorial: www.editorialgusanillo.es

Impreso y encuadernado en España
Código de Depósito Legal: V-2150-2024
ISBN: 978-84-128699-1-0

SOMOS SUPERHÉROES

Susana Castillo

Ian es un niño de 8 años que no le gusta nada ir a la escuela, muchas mañanas refunfuña y llora porque no quiere levantarse de la cama.
Su hermana Sofía, que tiene 4 años, le chincha porque a ella le encanta el colegio y siempre se pelean.

Aquella mañana era diferente, lo que Ian y Sofía no sabían es que en la escuela les esperaba una gran sorpresa.

Una enfermera fue a la clase de Ian y les contó un montón de cosas interesantes. Si alguien sufre una convulsión no hay que ponerle nada en la boca o cómo diferenciar entre desmayado y dormido. Llamar al 112 ante una emergencia, como se hace la RCP y la maniobra de Heimlich...

Después acudió a la clase de Sofía y les explicó un montón de cosas chulísimas; como que había un número mágico al que podían llamar si tenían un problema y ese número era el

También les explicó cómo colocar a un adulto 4 veces más grande que ellos en posición lateral de seguridad, identificar un desmayo y cómo ser el latido de su corazón.

La enfermera también les enseñó una canción muy bonita para recordarlo TODO.

Ian y Sofía quedaron fascinados con la idea de poder ayudar a salvar vidas. Al llegar a casa, estaban tan emocionados que les contaron a toda su familia y amigos lo que habían aprendido en la escuela. Pero nadie parecía hacerles mucho caso... estaban todos muy ocupados con sus tareas o mirando el dichoso móvil.

Los dos hermanos se pusieron muy tristes porque no se sentían comprendidos, ni escuchados, ni valorados y se pusieron a jugar con sus legos para olvidar ese sentimiento.

Un día en una reunión familiar todos estaban charlando y riendo. Disfrutaban de un aperitivo cuando de repente, el papá se atragantó con un cacahuete. No podía hablar, solo se cogía la garganta con sus dos manos y su cara se volvió de color azul.

Todo el mundo gritaba y se quedaba mirando, pero nadie sabía lo que había que hacer, entraron en pánico y su papá cada vez estaba peor.

Ian recordó lo que había aprendido en clase y sin dudarlo, corrió hacia su padre para intentar realizarle la maniobra de Heimlich. Lo intentó y lo intentó, pero su padre es muy grande y sus brazos muy pequeños y no lograba abrazarlo por detrás y hacer fuerza.

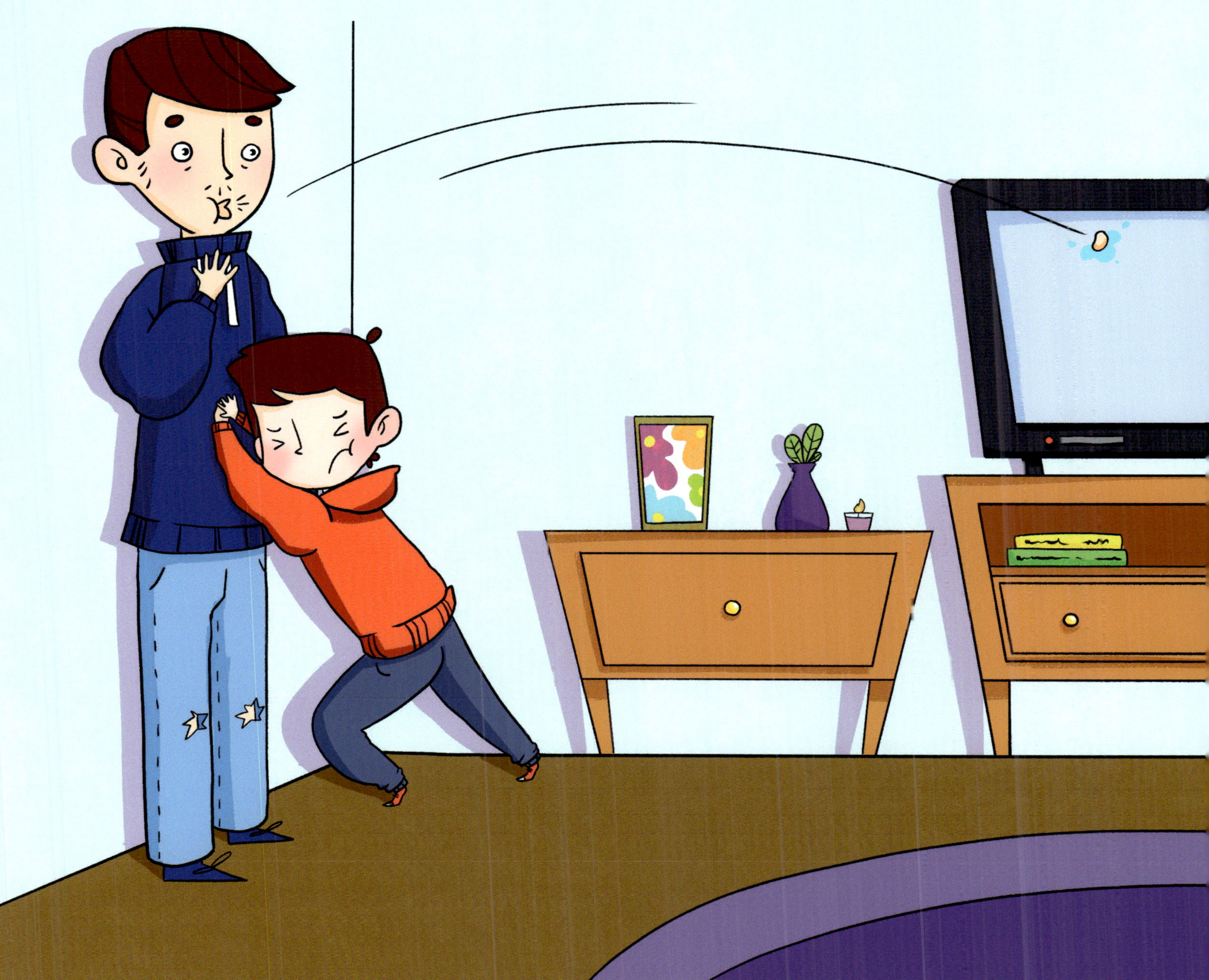

Puso a su padre contra la pared y le realizó la maniobra adaptada y de repente ¡¡ZASS!! El cacahuete salió disparado contra la tele. Su padre podía respirar.

¡MENUDO SUSTO! Todos aplaudieron y abrazaron a Ian y a su padre aliviados. Ian se convirtió en el héroe de su familia. Todos estaban orgullosos de él y su valentía.

Sobre todo, su hermanita Sofía que le miraba con los ojos como platos de admiración.

Pasaron los meses y un día Sofía se puso tan malita que no podía ir a la escuela y como sus papás trabajaban, tuvo que ir a casa de su abuela para que la cuidara.

A Sofía le encantaba estar con su abuela.

Le hacía su comida favorita, le daba medicina para
encontrarse mejor

y veían juntas la televisión.

Después de comer, Sofía se encontraba mejor y jugaba con sus peluches, mientras su abuela miraba las noticias en la televisión.
De repente su abuelita empezó a encontrarse mal.
Le dolía mucho el corazón y se desplomó en el suelo desmayada.

Sofía se asustó mucho porque estaba sola con su abuela y
al principio no sabía qué hacer, pero pronto recordó lo que la
enfermera le había explicado en el cole y cogió el teléfono de
su abuela y llamó al número mágico para pedir ayuda
que era el 112.

Enseguida una mujer le preguntó si respiraba y ella se acercó a su abuela y vio que no respiraba y recordó la canción.
Si alguien no respira, hay que ser el latido de su corazón.
Sofía sin dudarlo, se puso a hacer RCP a su abuela hasta que de pronto sonó el timbre de la puerta.

Había una vez una persona dormida.
Había una vez una persona dormida.
Que no podía, que no podía, que no podía despertar.
Ni cuando la llamaba ni cuando la movía.
Ni cuando la llamaba ni cuando la movía.
Que no podía, que no podía, que no podía despertar.
Hay que pedir ayuda al 1-1-2.
Hay que pedir ayuda al 1-1-2.
Para que venga la ambulancia a darnos la solución.
Para ver si respira levanto su barbilla.
Para ver si respira acerco mi mejilla.
Para sentir, para sentir, si echa aire su nariz.
Si se mueve el pecho es porque respira.
Si se mueve el pecho es porque respira.
Le pongo de lado para evitar que se pueda atragantar.
Pero si no respira es que está parado.
Pero si no respira es que está parado.
Hay que empezar a reanimar; ponte a masajear.

Se levantó a abrir y era el equipo sanitario, que atendió a su abuela y la llevó al hospital.

La abuela se puso buena y todo el mundo felicitó a Sofía,
ella también había sido una heroína.

La historia de Ian y Sofía inspiró a otros niños a aprender primeros auxilios y RCP porque nunca se es demasiado joven para aprender a salvar una vida.

Ian aprendió que la escuela es más interesante de lo que él creía y si prestas un poco de atención, aprendes cosas maravillosas.

DIBÚJATE SALVANDO UNA VIDA: